Rahat Si Raatein Aur Ankahi Baatein

A Journey Reflecting Inner Thoughts through Soul-Inspiring Verses

Suman Shafi

Author's Info

Email : sumanshf@gmail.com

Contact number : 056-7120541

Tiktok : @suman.wisely

Linkedin : www.linkedin.com/in/sumanshafi/

Dedications

Unn khwabon ke naam, jinho ne meri rooh ko khwabida rakha
Aur unn ehsasaat ke naam jo alfaz ki shakal mein bikhar gaye,
Unn logon ke naam jinho ne mere alfaz ko samjha
Aur unn lamho ke naam jo meri shairi mein hameshaa zinda reh gaye.

This dedication captures the essence of my poetic journey, touching upon the dreams, emotions, and people who have been a part of it.

This book is also dedicated to YOU! To those who have been wounded, and then showed the courage to hope, to forgive, to live. YOU are the proof that positivity will always prevail.

Acknowledgements

To my Sadia Baji, who has been more than a sister—a guiding source for my book's journey. From editing my poetry over hours-long calls to reading my first draft and advising on the cover design and colors, she was as important to this book getting done as I was. Thank you so much, Bajoo.

To Mr. Lucas, who was my go-to contact during the book publishing process. The prompt emails, follow-ups, and working through it all were precise and smooth. I had a wonderful experience working with the team at Excel Book Writing and truly appreciate all the efforts.

To those few friends who are my backbone and who constantly encouraged and motivated me to do something with my life—this one is for you. I have finally made it!

Contents

Emotional Shairis

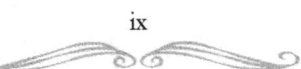

Romantic Shairis

Hopeful Shairis

Emotional Shairis

Anjaan Manzil

Dil ke tukrey usne kiye hazaaron

Dil ne ussey apnaya utni hi baar,

Mere aansuon ka usne diya na saath

Chora jab usne mera haath,

Uski mohabbat ke liye dil tadapta raha

Par mujhe uske dil mein koi hissa na mila,

Har woh umeed, har woh ehsaas, ab dhundhla sa gaya

Jiski raah par dil ab tak chalta raha,

Mitt gaya har woh rishta jo "kaash" bann jata

Toot gaya har woh sheesha jo "kaash" jurr jata,

Door door tak ab koi manzil na dikhey

Raahon pe chalte chalte bhi koi khushi na mile,

Dil to bas ab yehi dua maangta hai ke

KAASH AB MERE QADAM
USKE INTEZAAR MEIN NAA RUKEY.

Na-Kaam Se Khwab

Mausam mein kiya rakha hai

Woh aise badle jaise mohabbat ke nazaarey,

Chahaaton mein kiya rakha hai

Woh aise rishte jaise sab se pyaarey,

Umeedo mein kiya rakha hai

Woh aaise kaantey jo lagne par bhi na dikhey,

Dil torney mein kiya rakha hai,

Woh aaise toote jaise kaanch ke khilauney,

Lamho mein kiya rakha hai

Woh aise pal jo mil kar bhi bichar jaye,

Zindagi ke waadon mein kiya rakha hai

Woh aaise waade jo nibha kar bhi adhoore reh jaye,

Aaise sapne jo khwaishon se majboor ho,

Aaise mauqe jo dekho to dil toot jaye,

Aaise nazaare jo na chah ke bhi sataye.

Dil Ki Kefiat

Yun to hum bare lajawaab they
Par mann mein kayi dard abaad they,
Aankhon mein chamak, honto pe hansi thee
Par chehre ke peeche laakhon sawaal they,
Dil mein nami thee, dimaag dagabaaz tha
Par duniya ke aagey hum bemisaal they,
Har pal mein besukooni, har ehsaas jhatka tha
Par hum khud mein uljhey hue ek funkaar they,
Raasta ek seedhi lakeer, chaltey rehne ki adat thee
Par manzil ko tarsey hue kuch gumnaam iraadey they,
Yakeen dagmagaya hua, bharosa mushkil ka bayas tha
Par haar ke bhi jeet mein hum shumaar they,
Dhadkan thami hui thee, waqt thama tha
Par apne liye har qadam mein bohot se jawab they,
Yun to hum bare lajawaab they
Par mann mein kayi dard abaad they.

Dard Bhari Yaadein

Hamari khushiyan to kab ki rooth chuki hain
Tumne har ehsaas ko uljha diya,
Tumhari baatein hum apno se kiya karte they
Tumhe har pal seene se lagaya,
Khola jab humne apne khwabon ke makaan ko
Tumne usko rukha kardiya,
Zindagi ke imtihaano mein
Har zakhm ko nasoor kardiya,
Chahat ki tumhari harr morr par
Tumne dil ke har ek koney ko apne honey ke ehsaas
ke sawaalon se bhar diya,
Shayad kuch reh jaata tumhe kaabil-e-tareef kehney ko
Par tumne har woh mauqa gawaah diya,
Kabhi bhi na aana meri nazron ke samne
Tumhe ek yaad bana kar apne dil se bohot door kardiya.

Pyaar Kafi Nahin

Kahaani meri ek maseeha bann gayi
Uska hona na hona ek adat si reh gayi,
Poochte jab hum khud se unn ishaaron ka matlab
Har waqt goonjti rehti uski kami,
Gila kiya karey hum apne khwabon ka
Hamare raaste hi hamari galti thee,
Na roka humne apne aap ko khushiyon se bhagte hue
Ab sochte hain kiun mere qadam chal pare they uss raste hi,
Nakamiyon mein dhoke ki milawat
Haqeeqaton mein khwabon ke be laus waade,
Har chahat, har ehsaas ka koi sabab nahin
Pyar jaise rishte ka koi maqsad nahin.

Koshishein Kehne Tak

Woh awaaz dene ke kaabil to tha par usne himmat na ki
Woh lehron pe chalne ke layak to tha par usne jurrat na ki,
Kaash woh raith hota aur mein phisalti hui ek ghari
Woh rukne ke kaabil to thaa, par usne koshish na ki.

Woh doobney ke kaabil to tha par usne guzaarish na ki
Woh tey karne ke kaabil to tha par usne sifaarish na ki,
Kaash woh samaa hota aur mein fizaon ki ek hawa
Woh saath dene ke kaabil to tha par usne farmaaish na ki.

Woh hansi dene ke kaabil to tha par usne shuruat na ki
Woh rukh badalne ke layak to thaa par usne farmaaish na ki,
Kaash woh manzil hota aur mein ek barasne wala asmaan
Woh duniya banne ke kaabil to tha par usne pehel na ki.

Mein Aur Mera Dil

"Chor do usko" dil ne kaha
"Woh meri saanson me bass chuka hai" kaha maine.

"Tumhari yaad ussey nahi aati" dil ne kaha
"Woh mere har qadam ki manzil hai" kaha maine.

"Uska dil patthar bann chuka hai" dil ne kaha
"Woh patthar dil hi mere jeene ke liye kaafi hai" kaha maine.

"Tumhara na hona hi uski khushi bann gayi hai" dil ne kaha
"Woh aur uski khushiyan meri dua hai" kaha maine.

"Uske lab pe hansi nayi umeedo ko dhoondh rahi hai" dil ne kaha
"Woh hansi hi meri ankhon mein sukoon laati hai" kaha maine.

"Tumhare khwabon ka uspe koi asar nahi" dil ne kaha
"Woh kiya jaaney mere khwab hi meri haqeeqat hai" kaha maine.

"Tumhare hone na hone se usey koi fark nai parhta" dil ne kaha
"Uske har ishaare pe mere qadmo ke faisley hai" kaha maine.

Achaai Ka Sila

Dil ne aaj tey karli apni bardaasht ki hadd

Bazaaro mein bikte daamo mein jazbaat nahi mila karte,

Baandh li pakki dorr apni parchai se

Apne waadon ke ilzaam bhi humein mila karte,

Dhoop ki tapish azmaaish si lagne lagi

Chalte hue yun to manzar nahi mila karte,

Raat ki siyaahi alfaz ke panno pe chalakti hai

Bezubaan to nadaan si kahaani bhi samjha nahi karte,

Kahan mila humein sukoon ka asar

Khud mein jhaankhtey aur auron ko nazar andaaz karte rahe.

Hum Tumko Bhula Chukey Aaj

Mitt gayi har woh aarzoo
Jiski hum lagaye bethey they aas,
Karli poori koshish tumhe bhulaane ki
Hum tumko bhula chukey aaj.

Tumhara jaadu kuch palon ka tha
Jisko humne apna samjh liya tha,
Apno ko begaana karke,
Hum tumko bhula chukey aaj.

Nasha to bohot chaya tha tumhara
Par woh kuch waqt ka mehmaan tha,
Harr uss dukh aur aansuon se nikal kar
Hum tumko bhula chukey aaj.

Zindagi katey gi issi tarha
Na ab aansuon ka darya bahega tumhare liye,
Har koshish aur mushkilon se
Hum tumko bhula chukey aaj.

Na jaane kismat kaha le jaaye
Nahi pata qadam kaha larkharaaye,
Par faisla hamara rahega wahi
Hum tumko bhula chukey aaj.

Zindagi Ka Sach

Meri kahaani banati hai meri duniya
Meri duniya se banta hai mera jeene ka maqsad,
Kaun samajhta hai iss honey ki ehmiyat ko
Sab hai ek khokhli chahat.

Meri kahaani reh gayi adhoori si
Mujhe na mila kisi apne ka sath,
Jab chahiye tha dil thaamey rakhne ka waada
Woh kar gaya bhool jane ki baat.

Iss jahan mein koi kisi ka apna nahi hota
Na koi aakhir tak saath nibhaata hai,
Jaise ek akele iss duniya mein aata hai
Waise woh akele is duniya se jaata hai.

Halaat Ki Kashmakash

Lautna nahi tha to qadam kiun barhaye

Chahna nahi tha to ehsaas kiun jagaye,

Mil jata har woh sukh agar tum na aaye hotey

Mil jati har woh khushi jo tum na laaye hotey,

Kho si gayi hoon apne hi sawaalon mein

Ulajh si gayi hoon uske jawabon mein,

Koi tarkeeb nahi jissey khwab sach hojaye

Koi rasta nahi jo uski taraf le jaye,

Usne apni har raah badal li

Koi aaisa raasta nahi jo kaash uski taraf murr jaye,

Lautna nahi tha to qadam kiun barhaye

Chahna nahi tha to ehsaas kiun jagaye.

Saanson Se Panaah

Abb to bass maut khatkhata de mere darr par
Mein chal paroongi har gham aur aansu ko peeche chor kar,
Chorungi aisa sath apne zindagi ke nakshon ka
Haazaron yaadein rakh jaongi mein har morr par.

Koi na ho aisa jo rakhe mujhko begaana
Aaisa ban jaye woh meri yaadon ka deewana,
Usko ehsaas ho mere dard aur sifarish ka
Aaisi wafa ka chor jaongi afsaana.

Khuley asmaano ke beech jo rakhti thee umeedein apni
Usko de kar jaongi mein uske tootne ka ehsaas,
Mein rahoon uski zindagi ke har morr ka sabaq
Dil ko dilaasa mil jayega aur meri rooh ko aas.

Raaston Ki Judaai

Khoyi hui ankhon mein kiya jawaab dhoondhte ho
Woh to kab ki bheeg chuki hain,
Kaunsa khwab poora karne ki koshish mein ho
Har khwaish mitt si gayi hai,
Kaunse manzar ko anjaam dene ki aas mein ho
Raasta hi nahi, manzil bhi abhi dhundhla gayi hai,
Dil jitna hai, bass reh jane do
Khwab jo they mitt gaye, lamhe beet jane do,
Aahatein jo thee, ab tham jaaney do
Chah ke bhi jo na bujhey, woh diye bujh jane do,
Rehna tha saath, ab akele reh janey do
Haar kar khud se mujhe apni manzil ki taraf pohonch jane do.

Yeh Mein Nahi Thee

Darr darr ke har ek qadam uthaaya
Jo uske dil ko tha gawaara, usmein apne aap ko paya,
Rokna tha khud ko iss ehsaas se
Par doobte hue ishaaro ne chalna sikhaya.

Kahan thee mein iss gumnaam si jagaah mein
Khud ko dhoondhna ban gaya tha mushkil,
Jaha chaha khud ki aarzoo aur hasraton ko poora karna
Waha uski chahat mein hogayi shaamil.

Kho si gayi iss tarha ke apne aap ki pechaan bhool gayi
Har rastaa bhatak sa gaya,
Mein kinn iraado se nikli thee aur kiya bann gayi
Zameen pe dhoondh rahi thee asmaan ki jagaah.

Har manzil rooth si gayi
Har raasta choot sa gaya mujhse,
Baandh ke rakhna tha jinn khwabon ko
Woh aankh khulne se pehle hi dafan hogaye.

Be-Rang Mohabbat Ka Sawaal

Rukhi si hogayi hai mohabbat

Badla badla sa lagey har pal ka saath,

Haaton mein haath jo mere tha kal

Kahin choot to nahi gaya woh aaj?

Sawaalo pe sawaal dil mein

Ankhon mein bhi chhai hai nami,

Kaise guzarta hai lamha intezaar ka

Kya ussey pata nahin?

Mein khari hoo bebass se deedar ko

Kaha murr gayi hai meri zindagi,

Usko jaa kar bayaan karo mere dil ki kefiyat

Kahin raasta to nahi badal diya usne bhi?

Takleefon Ki Tehreer

Maine apni kahaani kitaabon ke panno pe daali
Jo dil mein thee baat, duniya se kar daali,
Mere alfaaz ke jo bhi matlab baney
Uski tafseel har ishaaron mein keh daali.

Sitaaron jaisi khwaish banayi thee maine
Usmein kaisi sajawat raunak laaye woh zaahir kardi,
Nahi chahiye koi aisa jo rooh ko na samjhe
Ek aaise saath ki guzaarish bayaan kardi.

Palta jab kitaab ka pehla panna
To ehsaas hua uljhano ke beech ghir chuki thee mein,
Mumkin kaise hogi ab woh chahat meri
Ye dhoondhne lagi apni tehreer ke harfo mein.

Na thama kisi ne haath, na bana koi humraaz
Teher sa gaya har lamha,
Jo lagta tha kabhi apna sa
Woh banta chala gaya takleefon ka kaafila.

Duniya mein gumnaam sa irada reh gaya
Jisko kabhi samjha apna, woh auron mein shaamil ho gaya,
Koshishein laakh ki is dil ne ussey khojne ki
Par woh mil ke bhi bass khwabon mein mila.

Band Aankhon Ki Sachai

Aapki tasweer hum khwabon mein banaya karte they
Hum agar rooth jaye, to woh humein mana liya karte they,
Khwabon me hi bass gayi meri haqeeqaton ki zindagi
Ussi mein hum apni duniya bana liya karte they,
Boondein jab girti aansuon ki
To khwab se jaag kar sachai jaan liya karte they,
Dil bhi ek azeem tohfa hai jo dard se bhar jata tha
Hum uss tohfey ko seene se laga kar ro liya karte they,
Khwabon ki duniya kayi umeedein sajati hai
Hum unn umeedon se ankhein band karliya karte they,
Darr tha koi bikhar ke na jaye is pyare se khwab ko
Isliye ankhein khulne se pehle hi ussey torr diya karte they.

Khud Ki Shikayaatein

Khoobiyan to shayad hi rukhsat hone lagi thee
Ankhon mein raunak pesh karne ka koi sabab na tha,
Lipat gayi thee mein apne aap se kuch iss qadar
Haqeeqaton mein reh kar sab bejaan sa tha,
Ek aas liye dil mein dhoondh rahi thee kinaarey ko
Par uska maqsad kuch dhundhla sa tha,
Kya banna tha aur kiya bann gayi
Mera apna manzar heraan sa tha,
Khud se kiye sawaalon ke jawab koi umeed na de
Zubaan khamoshi se palat jaya karti thee,
Maangte jab hum panaah khud ke wajood se
To auron jaise khud ki zindagi rooth jaya karti thee,
Sambhalte qadmo ki ahat sunn ke hum zindagi banane lage
Unn awaazon mein apne nishaan pechaan liya karti thee,
Ek nazar koi dekh to jaye mere jahan mein
Aaisi aas liye dil mein har pal guzaar diya karti thee.

Andhaa Sa Pyaar

Maine jab bichayi apni duniya uske raston mein
Usne mere saath ki har dorr torr di,
Meelon door jab chal pari mein apni sachai mein
Uske qadmo ne meri har parchai chor di.

Maine sheeshon ka mehel banaya tha khayaalo mein
Usne beech raste meri har koshish morr di,
Judaa ki jab maine raahein apni
Uske sawaalon ne meri ye khwaish bhi torr di.

Maine jeena seekh liya iss ajab si duniya mein
Usne ruk jane ka wada kar ke meri har farmaish rok di,
Wapas chal pari mein uski apnaiyat ko sach jaan kar
Uske saath ke khatir maine apni zindagi chor di.

Dil Ke Armaan

Kabhi agar tumhe mann karey mere dil ko khol ke dekhne ka

To dhian rakhna tumhari likhawat dil torne walo me na ho,

Jeena to humne bhi seekha hai sabse mu morr ke

Par dhian rakhna ke tum palat kar chale jane walo me na ho,

Bohot minnatein karti rahi panaahon me utarne ki

Par dhian rakhna tum udaasi ka alaam dene walo me na ho,

Sab kehte hain meri muskaan bari nayab hai

Dhian rakhna tum unn rulane walo me na ho.

Sachai Se Bekhabar Dil

Naraaz to hum bhi hue they naadaniyon mein

Par nahin pata thaa woh be-rukhi aaj hamari zindagi bann jayegi,

Kholey to humne bhi they dil ke darwaazey

Par nahin pata tha bemisaal hamari kahaani likhi jayegi,

Rubaru to hue they tumse beinteha mohabbat mein

Par nahin pata tha woh aashiqui hamari galti bann jayegi,

Rakha to tha humney bhi ek waada tumhara saath dene ka

Par nahin pata tha unn waadon ko nibhaana ek adat bann jayegi,

Door to tum hogaye mujhse rooth kar

Par nahin pata tha woh doori meri zindagi bhar ki sazaa bann jayegi.

Dekh To Jao

Aao zara mere darr pe

Dikhaon tumhein apni nadaaniyan,

Dekh to jao tum bhi zara apne hone ki khush fehmion ko

Dikhaon tumhe mere simatne ki heraaniyan,

Tum to ghoomte ho apna dil lekar fakeeron mein

Aao zara guftagu karwaon meri zindagi ki azaadiyon se,

Dil to toota mera bhi tha

Aao zara nawaazu tumhe apni paheliyon se,

Tum to jee uth te ho fakhr se dil torr kar

Dikhaon tumhe apne jalne ki bechainiyaan,

Ayaa na karo apni haqeeqat duniya ke saamne

Dikhaon tumhe mere fakhr se jee jaane ki rawaaniyan.

Kitaabi Baatein

Aap to woh zakhm ho jo :

Har raaste pe mil jaata hai

Mil ke apna haal batata hai

Khushiyon ki aas jagaata hai,

Dil mein ghar karne ki chah mein din raat lagata hai

Khwabon se milwata hai

Pal pal muskurata hai,

Har qadam pe saath nibhaata hai

"Apna" bananey ki koshish mein kamyaab hojata hai.

Phir haqeeqaton mein :

Mil ke bichar jaata hai

Hasraton se khel jaata hai

Umeedon ko sarey-aam kar jata hai,

Aankhon mein nami de jata hai

Har sajaye hue khwab ko kuchal jata hai,

Raasto mein akela pann mehsoos karwata hai

Gumnamiyon mein sazaa bana kar chor jata hai

Dil ko apni gumshudgi ka khauff de jata hai,

Na milta hai, na dikhta hai

Har apnaiyat aur ehsaas se benoor kar jaata hai.

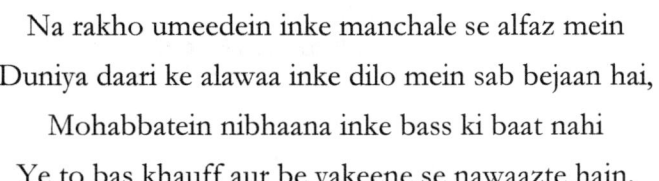

Na rakho umeedein inke manchale se alfaz mein
Duniya daari ke alawaa inke dilo mein sab bejaan hai,
Mohabbatein nibhaana inke bass ki baat nahi
Ye to bas khauff aur be yakeene se nawaazte hain.

Khwab toot gaye, par umeed abhi baqi hai
Raaste badal gaye, par manzil abhi aani hai
Unmein kuch is tarha se ulajh gaye they hum
Apne aap ki pechaan to thee, par apne aap ko dhoondhna abhi baqi hai.

Mohabbat Ka Sabaq

Mujhe ab apni zindagi mein lipatna sikha do
Har ghalti ki saza do, kaanton pe chalna sikha do,
Dil ki fitratt to hai sukoon mein rehne ki
Mere har qadam ko mere khilaaf karna sikha do.

Mujhe ab aziyat bhari duniya mein jeena sikha do
Har azaab se pal mein himmat se guzarna sikha do,
Apni zindagi ka mujhe ek sitaara bana kar
Khuley asmaan pe urrna sikha do.

Mujhe inn bechainiyon mein bekarar rehna sikha do
Har nadaaniyon mein hasna muskurana sikha do,
Mujhe nahi banna kisi ke jeene ka maqsad
Duniya ki har raah pe ab mujhe akele chalna sikha do.

Romantic Shairis

Mere Dil Ka Safar

Dil kisi koney mein beth ke rota raha,
Yehi poochta ke "pyar kiya koi samjhauta thaa?"
Meri chahat ko kisi ki pechaan na hui
Mere dil ko kisi ki aas na hui,
Band kardiye apne dil ke darwazey
Mujhe kisi ki umeed na hui.

Jab dil ke darwaazey pe kisi anjaan ki dastak hui
Tab maine dil se poocha *"Kiya sach mein hai koi aaya?"*

Dil ne jawab diya

"Tum nahi jaanti uska maqsad
Tum nahi jaanti uska iraada
Par phir bhi woh aaya hai,
Tum apni chahat ussey na baanto
Tum bhaley ussey koi umeed na rakho
Tum uski aas bhi na rakho,
Par phir bhi woh aaya hai."

Maine dil se poocha

"Kiya usko apnana sahi hoga?
Kiya apne aap ko ek pyaar ka mauqa dena sahi hoga?
Dil ke rishton ko phir se peerona sahi hoga?
Mohabbat ki manzil ko ahem banana sahi hoga?"

Tab dil ne naz se kaha

"Woh tumse mohabbat nahi, ishq karta hai
Woh tum pe dil se nahi, jaan se marr mitt ta hai,
Woh tumhari nahi, tum uski parchaai ho
Dil-o-jaan ho tum uski ye maan lo,
Iraada uska pukhta hai, neeyat uski saaf hai
Tumhari adaatein ussey bhaati hain,
Tumhari berukhi mein uski udaasi hai
Tumhari khushi mein uski hansi hai,
Tum nahi janti woh sab se alag hai
Yehi to usmein aur auron mein fark hai,
Usne darwaza khatkhataya yun to nahi hai
Uska waada, uski manzil, uski zindagi tumse hi hai."

To maine dil se kaha

"Iss mohib ko apne liye ek mauqa dena sahi hoga?
Usmein apni khushi ko dhoondhna sahi hoga?
Dard ko khushiyon mein badalna sahi hoga?
Rishte to hazaaro bante hain
Aisa rishta bana kar nibhaana sahi hoga?
Kya pata woh mujhe itna chahey ke
Har kisi ki unsiyat kamm par jaye,
Uski hasraton, khwaishon aur waadon pe khara utarne ke liye
Apne aap ko mauqa dena sahi hoga?"

To dil ki thami hui dhadkan ne kaha

"Isko azmane mein kuch burai nahi, tum haan kardo."

Sukoon Sa Rishta

Ek aam sa rishta hai apka aur mera,
Jo dil se dil pehchaanta hai
Jo rooh se rooh choota hai,
Jo apnayat ka ehsaas dilata hai
Jo kuch na keh ke bhi bohot kuch keh jata hai.

Isko kahey kismat ya naseeb
Har waqt talab rehti hai apko sunney ki
Apki shararat bhari muskurahat dekhne ki,
Door hoke bhi aap paas lagte hain
Paas aaye to anginat ehsaas jagte hain,
Bethe rahe raat din aur har pal apke paas
Aaise kayi khwab sajte hain.

Iss rishtey mein :
Samjhauta nahi, samjhata hai
Batt ta nahi, baant ta hai
Girta nahi, uth jata hai
Khoya nahi, paata hai
Samandar nahi, manzil hai
Aur yun hi chalte chalte mil gayi mujhe –
EK AAP AUR EK AAPKI MOHABBAT

Mohabbat Mein Qaid

Ae humsafar rakhna sambhaal kar qadam
Tere choot jane ka khauff har waqt satata hai,
Murr na jaye chalte hue pairo ke nishaan
Har pal mein kami mehsoos karwata hai,
Begaano mein ek chehra tera apno sa lagey
Iss pechaan ko anjaan na kar jana,
Roothey agar meri nazrein tujhse kabhi
To akele chor jane ki sazaa na de jana,
Hoti hai khatayein mohabbat mein meri jaan
Unko dil ki rukawat mein qaid na kar lena,
Reh jaongi teri duniya mein hameshaa teri bann kar
Iss mazboot dorr ko gilon mein reh ke rukhaa na kardena.

Yuh Hi Hum Mil Gaye

Ek tha manzar mera jo dhoondh raha tha koi ishara
Ek tha rasta uska jo justajoo kar raha tha koi kinara,
Do ajnabee mile anjaan rasto ke beech
Jahan bann bethe woh ek dusre ki zindagi ka sahaara.

Ek tha dil mera jo intezaar kar raha tha koi ishq samjha jaye
Ek tha apnapan uska jo narmi se har khwab ko poora kar jaye,
Hamare haathon ki likhawat kuch aaisi hui
Jahan ek dusre ki mushkilon mein sukoon ka ghar bann jaye.

Ek tha saadgi mein dooba mann mera
jo chahat ki umeedo mein uljha hua tha

Ek tha ehsaason se bhara mann uska
jo dhoondh raha tha koi apna sa,

Hua aaisa milan mere dil aur uski mohabbat ka
Ab hamara saath reh jaane ki dua maangta hai har mumkin nazaara.

Woh Mera Hai

Woh mera humnawa, meri dua hai
Wohi meri raat, meri subha hai,
Woh hai har mausam mein saath dene wala
Wohi mera marham, meri dawaa hai.

Woh mera noor, meri raza hai
Wohi meri zubaan, meri parwa hai,
Woh hai har khwab ko poora karne wala
Wohi mera sach, meri dua hai.

Woh meri goonj, meri hawa hai
Wohi meri leher, meri fiza hai,
Woh hai zindagi mein sukoon ka sabab
Wohi mera aaj, meri sadaa hai.

Ek Ishaara, Kayi Umeedein

Maine ussey dil se lagaaya,
aur usne mujhe seene mein chupa liya,

Maine ussey har din sajaaya,
aur usne mujhe duniya bana liya,

Nahi jaanti thee mein uske pyaar ki gehrai ko

Maine ussey kinaara banaya,
aur usne mujhe manzil bana liya,

Maine ussey tareef se nawaaza,
aur usne muje sarr-ankhon pe bitha liya,

Maine ussey ishq mein peeroya,
aur usne mujhe aankhon mein basa liya,

Na khabar thee mujhe meri parchaai kab bana woh

Maine ussey lakeeron mein basaaya,
aur usne mujhe har nafs mein utaar liya.

Adaa Chahat Ki

Uski adaaon pe sab kuch lutaaney ko jee chahta hai

Uski saadgi mein sab kuch bhulaaney ko jee chahta hai,

Woh deewana hai apni duniya ka

Uski naadaniyon pe sab kuch fanaah karne ko jee chahta hai,

Batata hai woh muskurane ki hazaaron wajah

Usmein doob ke khud ko usmein khojne ko jee chahta hai,

Woh wadaa karta hai aur qadam barhate hue saath bhi nibhaata hai

Uski har galti ko parda karke uske dil ko azmaane ko jee chahta hai,

Heraan hoti hai pal pal meri raahon ki rukawatein

Khwab mein jo tha chehra, woh soorat bann gaya hai,

Mere dil ki har khwaish ko ussey baandhtey hue

Uski har dhadkan par apni saanson ka pehra karne ko jee chahta hai.

Woh Aur Uski Ahemiyat

Woh jazbaat, woh ehsaas, woh hifaazat bana

Woh har mumkin si adat bana,

Kehte hain sab manchala sa lagta hai woh

Woh umeed, woh sukoon, woh saathi bana,

Likhney ko to sau lafz kamm par jaye

Par waado se bhari duniya bana,

Aas kayi bichi hui hain

Woh khushnumayi, woh deewana, woh rasta bana,

Dekhti hoon apne aap ko uski nazar se

Woh meri har nazar ka ishaara bana,

Dillagi aur chahat uske hawaale kar aai hoon

Woh faisla, woh khwab, woh manzil bana.

Aap Ki Deewani

Meri aankhon ki chamak, mere din ka noor aap ho

Duniya beshaq hai haseen, par ismein mithaas ka raaz aap ho,

Palkon pe teher sa jaata hai intezaar betaabi ka

Dil to hai hi deewana, par ismein ehsaason ki mehek aap ho,

Simat jaon aaise aapke khayalon ko seene mein chupa kar

Narmi sa hai apnapan, par wafaon ka ehteraam aap ho,

Mere qadam chaltey hain apke niraaley andaazo pe

Saadhi si soch to hai meri, par behisaab ranginiyan aap ho,

Lutaa doon apna sab kuch apke naam kar ke

Asmaan to pyaara lagta hi hai, par woh ek chamakta sitara aap ho,

Fida hojati hoon uske chehre pe apnaiyat dekh kar

Jiski hansi ki wajah meri raunak hai, aur duaon se bhara saath aap ho.

Ye Dil Apke Hawaale

Ek naadan sa dil meethi khata kar gaya
Iss dil ki dhadkano ko tere naam kar gaya,
Woh mohabbat hi kiya jo na phisley teri baahon mein
Aankhon ki sharam ko sarey aam kar gaya.

Niyat to thee hayaa bacha ke rakhne ki
Par teri aashiqui mere iraadon ko be-parda kar gaya,
Woh hansi hi kiya jo teri surat ko na tarsey
Mere unn labon ki pyaas mein apna ghar kar gaya.

Chalna to hai tere suroor ko gungunate hue
Raasta mera teri tishnagi ki barsaat kar gaya,
Woh ehsaas hi kiya jo tere intezaar mein thamm jaaye
Meri raahon ke har faisley ko khushi se tera mohtaj kar gaya.

Har Pal Ka Saath

Tere chehre pe hansi meri jeene ki aas bann bethi
Teri pareshaniyan mere dil ki ahemiat bann bethi,
Bekhabar thee mein ek aaise aalam se
Jahan meri duniya tere wajood ki wajah bann bethi.

Tere haathon ki lakeerein mere ehsaas ka tasawur bann bethi
Tere qadmo ki aahaatein mere raaston ka asar bann bethi,
Koshishein kartey hue ek aaise maqaam pe pohonchi mein
Jahaan meri mehnat tere intezaar ki rahat bann bethi.

Tere alfaz ki ta'ameer mere likhawat ki wajah bann bethi
Tere jazbaaton ke tehet, mere umeedo ki ghari bann bethi,
Chaltey hue mila mujhe ek aaisa thikaana
Jahan meri zaroorat tere hayaat ki adat bann bethi.

Tere labon ki hansi mere khwabon ka araam bann bethi
Tere haathon ka saath meri manzilon tak ka safar bann bethi,
Hoon mein aaj tere saath to waada hai yeh
Jahaan meri mushkilein, wahan tera hona meri zindagi ki tasalli bann bethi.

Hopeful Shairis

Ek Kinaarey Ki Aas

Apni zindagi se karti rehti hoon shikayat

Woh dejaati hai mujhe mere hone ki sazaa,

Hojaati hai kuch anjaaney mein aisi khataa

Jinki dhoondh kar bhi nahi milti hai wajah,

Woh benoori kaisi jo har noor se khwab ko andhera kardey

Uss andhere mein bana leti hoon kuch apne se iraade,

Ruk jaye agar qadam darr ke mahaul se

To chor jaati hoon apne se kiye hue kuch waade,

Haaton se choot ta chala gaya mere viraaniyon ka makaan

Usmein kisi ko basaana ab gawara nahi,

Kaun hai apna, kaun begaana sa

Iska faisla mumkin si kismat pe chora,

Abhi tak chal rahi hoon apne aansuon ki panaah maangte hue

Chalte hue dhoondh rahi hoon bejaan se naqsh manzil ke,

Iss khauff se ke kahin mile na koi sahaara

Ek aarzoo ki justaju liye abhi tak talaash rahi hoon kinara.

Badalti Soch

Thak ke safar mein ruki thee mein
Ab chal ke saans lena baqi hai,

Jhuki hui thee nazrey ek muddat se
Ab fakhr se sarr uthana baqi hai,

Andekha kar chali thee har buraai ko
Ab datt ke harr dard se ubharna baqi hai,

Muntazir thee kayi umeedein mere hawaaley se
Ab harr ek mauqey ko jeena baqi hai,

Murjhaya hua chehra meri adat si bann gayi thee
Ab uth ke ismein raunaq karna baqi hai,

Haal to katt hi raha tha waqt ke sath
Ab mustaqbil ko roshan karna baqi hai.

Apni Khaasiyat

Meri dastaan se koi shaks bekhabar nahi hoga

Par meri maujoodgi pe log aj bhi poochte hai mujhse
"Kaun ho tum?"

Aaj maine apne jawab se sabko waqif kia:

Mein wohi hoon jiski dastaan tumhari zubaan pe har pal rehti hai

Wohi hoon jiski khushi tumhare alfaz mein dabb gayi hai,

Wohi hoon jiski kitaab to hai, par likhawat tum log karte ho

Wohi hoon jiski manzilon pe shayad khushiyon ka basera na ho,

Wohi hoon jiski koi manzil nahi,

Wohi hoon jiska koi thikana nahi,

Wohi hoon jiska koi rehbar nahi,

Wohi hoon jiska koi khaas nahi,

Haan, mein wohi hoon –
Bekhabar, Belaus, Bemisaal, Bekhauff

Par sabse **KHAAS**.

Khud Ke Liye Jeene Ka Sabaq

Usko jaa kar koi yeh batao

Ke uske na hone se zindagi asaan ho chali hai,

Woh bekhabar khushiyon ki dhunn ga raha hai

Usko jaa kar ye ehsaas dilao meri khushi uski mohtaj nahi hai.

Usko jaa kar koi yeh batao

Ke uske ehsaano ka farmaan apne se alag kar chuki hoon,

Woh sitaaro mein abhi tak apni jeet talaash raha hai

Usko jaa kar ye dikh lao meri haseen uski maujoodgi
se judaa kar chuki hoon.

Usko jaa kar koi yeh batao

Ke dil torney se uska wajood azmaaishon mein ghir jayega,

Woh muddaton ka intezaar bicha chala hai

Usko jaa kar ye ehsaas karwao ke doosron ki zindagi ko jala kar woh
khud paheliyon mein bandh jayega.

Gham Ke Baad Ki Khushi

Zindagi ke har pehlu mein bohot pyar milega
Lekin mushkil waqt guzar jane ke baad,
Khwab sa sach zaroor poora hoga
Lekin bohot saarey khwabon ke tootne ke baad,
Chah ke bhi koi nahi rok sakta duniya ki tishnagi ko,
Beshumar se pal milenge
Lekin bohot se nakaam intezaar ke baad.

Waado se bhara hua makaan milega
lekin bohot saarey waado ke roothne ke baad,
Hameshaa ek haath ka saath milega
Lekin bohot sarey haathon ka imkaan chootne ke baad,
Lautne ko phir qadam nahi tarsenge,
Manzar kuch sadaa milega
Lekin bohot se qadam akele chalne ke baad.

Raahon ka ishaara hameshaa muskurata milega
Lekin beshumar ansuon ki boondein girne ke baad,
Waqt nibhayega apne hone ka maqsad
Lekin bohot se nakaam iraadon ke baad,
Kuch bin bulaaye se pal jaga bana jaaye rooh mein,
Zindagi bhar ka sukoon milega
Lekin bohot se ghamo ki adat hone ke baad.

Zindagi Ki Sachai

Guzar chuki hoon har uss gali se
jahan meri pechaan nazar andaaz thee
Aur ek mein thee jo ussi gali ki aadi hogayi,

Dekh kar andekha karne ka hunar barey ache se nibhaaya aapne
Aur ek mein thee jo uss laachaari ki deewani hogayi,

Sukoon ke naam par waade to kiye hazaaron
Aur ek mein thee jo uss sukoon ki muntazir hogayi.

Par ab:

Na mein woh rahi, na jura mera aur uska saath
Na meri gali uss taraf, na barhega mera haath,
Na hi mera sukoon hai woh, na hi mera nasha
Khud ko dhoondh rahi hoon mein, wahi barh raha hai mera raasta.

Apna sukoon, apni khushi, apne aap se pyar karke dikhaongi
Chahe safar ho mushkil, har haar ko jeet mein badal jaongi
Manzil ka pata nahi, miley ya nahin
Par iss waqt ko mustaqbil ka behtareen sabaq banaongi